Les Églises

ET

LES MONUMENS RELIGIEUX

DE PARIS,

Ouvrage Religieux et Artistique.

ILLUSTRÉ PAR 22 GRAVURES SUR BOIS,

Rédigé, sous le rapport de l'art, par M. de Rouvières, ingénieur civil ; sous le rapport religieux, par M. O'Clark, ancien professeur de théologie à Dublin ;

AVEC L'APPROBATION

DE Mgr. L'ARCHEVÊQUE DE PARIS.

Les Monumens ont été dessinés par M. Nabat, dessinateur attaché au Dépôt de la Guerre ; la gravure a été exécutée par M. Corbay ; et le polytypage par MM. Curmer frères, d'après le procédé anglais.

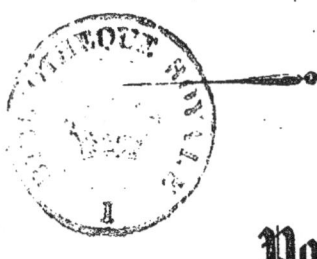

Paris.

A LA LIBRAIRIE DES ÉTRANGERS,

55, RUE NEUVE-SAINT-AUGUSTIN,

Près la rue de la Paix.

LES ÉGLISES DE PARIS.

HISTOIRE GÉNÉRALE DES ÉGLISES.

« En vérité, en vérité, je vous le dis : Le soleil et la
» lune, les cieux et la terre passeront, mais ma parole ne
» passera pas. »

Ainsi parle le Sauveur des hommes, et sa voix divine, en-
tendue de tous les peuples, opère dans l'humanité une
régénération complète. Aux doctrines matérielles et sensua-
listes du paganisme ; au scepticisme de la Grèce, de la Grèce
qui règne moralement sur Rome sa maîtresse et sur toutes
les nations civilisées ; aux vieilles croyances du judaïsme ; à
la corruption profonde des pharisiens, succède enfin une religion de vérité, de bonheur et de paix ; religion qui purifie
le pécheur, qui console le malheureux, qui hâte le progrès
de la science et des arts, qui améliore la condition de tous :
des femmes, des enfans, des veuves, des orphelins, du
pauvre et de l'esclave.

Les institutions que fonda le Christ devaient dominer

1.

l'humanité tout entière ; cependant, dès leur origine, elles
sont méconnues, et la palme du martyre fut la seule récom-
pense que les païens réservèrent aux confesseurs de la
foi nouvelle ; aussi les premiers Chrétiens se rassemblaient-
ils clandestinement dans des souterrains et dans des
cavernes où les prêtres célébraient les saints mystères, où
les catéchumènes venaient recevoir leur consécration. Mais
aussitôt que Constantin eut fait cesser la persécution, on vit
partout, au rapport d'Eusèbe, des dédicaces d'églises, des
assemblées d'évêques ; les Chrétiens devinrent plus assi-
dus à la psalmodie, et la célébration des saints mystères
eut lieu avec plus de solennité. Ils choisirent d'abord de
vastes bâtimens destinés aux grandes réunions publiques
des profanes ; ces bâtimens étaient appelés *basiliques,* dé-
nomination que conservèrent pendant long-temps les temples de l'Église primitive. La forme de ces basiliques était
celle d'un parallélogramme divisé dans sa largeur en trois
nefs ; celle du centre, plus large que les deux autres, se
terminait par un hémicycle où se tenaient les jurés romains
quand ils y rendaient la justice, et les principaux personnages qui présidaient aux réunions. Lorsque les Chrétiens
les occupèrent, l'hémicycle devint le sanctuaire où les
prêtres célébraient l'office divin.

Cependant le catholicisme répandait partout une vive lumière ; déjà les villes d'Antioche, d'Éphèse, de Thessalo-
nique, d'Athènes, de Corinthe, de Rome et d'Alexandrie
comptaient de nombreux prosélytes, qui professaient hau-
tement la religion du Christ. Les apôtres, en se faisant les
premiers historiens de l'Église, en se constituant les biogra-
phes de leur divin Maître, avaient ouvert à leurs successeurs
une carrière immense. Hégésippe avait continué leurs tra-

vaux, et après lui, Eusèbe de Césarée, l'un des plus savans historiens des premiers temps de notre ère, avait opposé au paganisme et au judaïsme une histoire générale de l'Église
chrétienne. D'un autre côté, l'Église chrétienne commen-
çait à fonder des écoles à côté de celles des juifs et des
païens. Ce succès, cette existence déjà si solennelle, agi-
rent de la manière la plus heureuse sur les esprits : la
persécution n'était plus possible, et des constructions spé-
ciales s'élevèrent de toutes parts pour y célébrer le culte
de la VRAIE FOI.

L'église fut alors séparée, autant qu'il se pouvait, de tous
les bâtimens profanes ; on la tint éloignée du bruit et environnée de tous côtés de cours, de jardins ou de bâtimens
dépendant de l'église même, et qui tous étaient renfermés
dans une enceinte de murailles. D'abord on trouvait un portail ou premier vestibule, par où l'on entrait dans un péristyle, cour carrée environnée de galeries couvertes soutenues de colonnes, comme le sont les cloîtres des monastères.
Sous ces galeries, se tenaient les pauvres à qui l'on permet-
tait de demander à la porte de l'église, et au milieu de la
cour était une ou plusieurs fontaines pour se laver les mains
et le visage avant la prière. Les bénitiers leur ont succédé.
Près de la basilique, en dehors, étaient encore des bâtimens ; à l'entrée le baptistère, au fond la sacristie ou le trésor.
Mais ces édifices se ressentaient encore de la pauvreté
des fidèles. Images des temps de désordre et de la confusion
politique qui régnait à cette époque, débris mélangés
des temples païens, ils n'offraient aucune homogénéité, aucune unité dans les diverses parties de leur structure, ni
dans les élémens de leurs décorations. C'était à l'art chrétien à faire disparaître ces défauts, à imposer son cachet

aux édifices destinés au vrai culte ; en élevant avec hardiesse ses flèches, ses campanilles, ses voûtes ogivales, ou
ses coupoles imposantes, images emblématiques d'une religion toute spirituelle, pour qui la terre n'est qu'un lieu
de passage, pour qui le ciel et Dieu sont les seules espé-
rances.

Le plus beau modèle des églises en dôme est la grande
mosquée de Sainte-Sophie à Constantinople, qui fut originairement bâtie pour le culte chrétien, sous l'empereur
Justinien, vers le VIIe siècle ; mais l'Europe n'était alors ni
assez riche ni assez avancée dans les arts pour produire de
si beaux modèles : çà et là, en Occident, s'élevaient bien
de grands édifices, témoignages solennels de la ferveur et
de la foi des fidèles ; mais rien n'égalait cette magnificence de
la métropole de Bysance. Ce n'est qu'au XVIe siècle que la
capitale du monde chrétien voit s'élever sous les inspira-
tions de Jules II, et grâce au génie de Bramante, un édifice
prodigieux et admirable dans ses proportions. C'est Saint-
Pierre de Rome, commencé en 1510, sous le pontificat de
Jules II, par Bramante et continué par Michel-Ange. Paris
ne posséda des églises en dôme qu'en 1645 ; ce fut le Val-
de-Grâce, construit par François Mansard. Disons-le toutefois ; ces édifices, quelque grandioses qu'ils soient, sont
loin de rendre la pensée chrétienne, cette religion toute
de foi, toute d'espérance, qui nous détache de la terre et
qui nous apprend à aimer Dieu dans ses créations les plus
infimes. Ces grandes coupoles sont plutôt l'expression d'une
ambition outrée que d'un vrai sentiment religieux, qui
se complaît à embellir son œuvre et à harmoniser les
mille détails dont elle se compose en un tout sublime. Voyez
avec quel amour, avec quelle abnégation les premiers ar-

tistes d'occident rehaussent la majesté de l'édifice par ces riches et brillans accessoires. Là, point de personnalité orgueilleuse, point d'ambition égoïste, point de signature apposée pour revendiquer telle ou telle partie; l'œuvre est une et commune comme le lieu qui l'a vu naître, comme le Dieu qui l'inspira.

A la religion chrétienne, il fallait une architecture grave, mais riche de détails, qui exprimât à la fois la gratitude que lui devaient les rois et les peuples; la grandeur du culte et ses cérémonies imposantes, ses conquêtes et les bienfaits qu'il ne cessait de répandre parmi les peuples, devaient tour à tour dominer l'artiste. La foi inspira donc le génie de l'homme, elle guida son ciseau, et l'on vit bientôt surgir ces admirables créations, dont la magnificence n'a jamais été surpassée, dont la seule vue cause encore à notre âme une impression profonde. Des églises gothiques s'élevèrent comme par enchantement sur tous les points de l'Europe; les premières qui parurent sont celles que nous voyons dans les grandes villes, résidences des archevêques; on les appela aussi cathédrales, et on leur conserva la forme cruciale des églises primitives, parce qu'indépendamment de la commodité de cette forme pour les cérémonies, elle était en même temps la représentation symbolique du dogme principal de la religion chrétienne; à leur suite vinrent les églises paroissiales dont le nombre varia dans les villes, suivant l'étendue et les moyens des localités. Mais c'est dans les églises métropolitaines que toute la magnificence de l'architecture fut déployée, et que les peuples et les rois rivalisèrent de zèle pour y accumuler les prodiges et les chefs-d'œuvre de l'art. Les dispositions de ces églises sont presque partout les mêmes; le portail ou la façade antérieure des bâtimens, par sa décuration plus ou moins riche, indique le degré d'importance et le rang du monument. La grande nef ou l'espace intérieur est bordé par des files de piliers formant portique; les nefs ont quelquefois des tribunes dans toute leur longueur, mais elles en ont toujours une située au-dessus de la porte d'entrée où généralement est placé l'orgue; les nefs les plus élevées sont les plus renommées; leur principale décoration consiste dans la belle ordonnance et l'éclat des vitraux qui les éclairent; la *croisée* ou *transept* est une galerie transversale, ordinairement de même hauteur et largeur que la grande nef, et qui, la croisant à son extrémité, donne lieu à la forme cruciale consacrée par l'usage; dans les églises du premier rang, le *transept* est ouvert à ses deux bouts opposés et forme latéralement deux façades secondaires qui sont très-souvent décorées avec autant de soin que le grand portail. Le *chœur* ou le sanctuaire est la partie de l'église où se tient le clergé et où l'on célèbre l'office divin. A l'entrée du chœur était l'*ambon*, tribune élevée où l'on montait des deux côtés, et qui s'est appelée aussi *pupitre*, *lutrin* ou *jubé*; mais pour ne point masquer l'autel, on se décida plus tard à diviser le jubé en deux. A la droite de l'évêque et à la gauche du peuple, est le pupitre de l'Évangile, et de l'autre côté, celui de l'Épitre. Dans les grandes églises, le chœur est entouré de portiques; enfin dans les églises les plus complètes, les nefs, le chœur et les bas côtés sont encore enveloppés dans tout le pourtour de l'édifice par un rang continu de chapelles dédiées aux saints et à diverses consécrations. Autrefois chaque corporation de métiers acquittait les frais de construction et d'entretien d'une des chapelles de la métropole; les familles riches ou marquantes payaient aussi fort cher l'honneur d'y faire élever des monumens funéraires. Cet usage, quoique moins fréquent, existe encore, et nous voyons de nos jours un grand nombre de chapelles entretenues au sein des églises paroissiales par la piété de quelques familles.

Tels sont les élémens constitutifs des églises chrétiennes; que si l'on réfléchit maintenant aux causes qui ont fait naître ces merveilles, on verra qu'elles sont dues au clergé catholique; à ces pieux ministres de l'Évangile, qui ont si pieusement conservé les traditions des anciens âges, et à qui l'humanité est redevable de bien d'autres bienfaits. Mais il est temps maintenant d'entrer dans le sujet qui fait la spécialité de notre travail, qu'il était toutefois utile de faire précéder de la digression historique que l'on vient de lire.

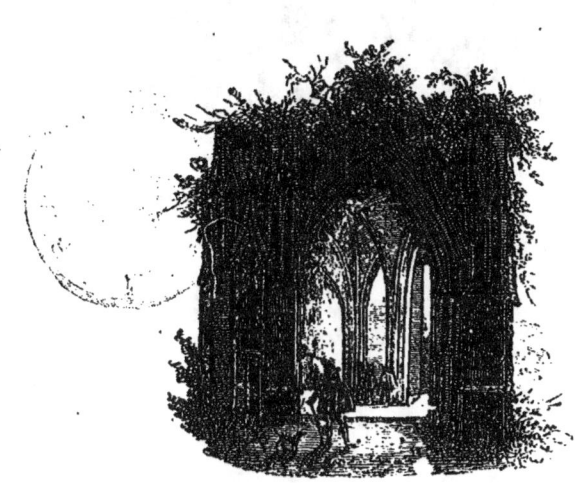

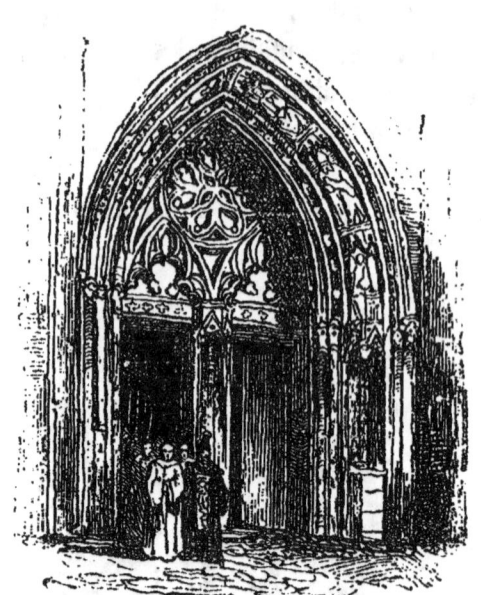

Portail d'une ancienne église de Paris.

Le Diocèse et les Églises de Paris.

Le diocèse de Paris est circonscrit dans les limites du dé-
partement de la Seine, et ne compte pas moins de 1,250,000
âmes. Cent-dix évêques s'y sont succédé depuis l'an 1250 ;
et quatorze archevêques depuis le commencement du xviie
siècle, époque de l'érection du siége de Paris en archié-
piscopat. Voici les noms des archevêques qui ont occupé
ce siége :

1623. Jean-François de GONDY.
1654. Jean-François-Paul de Gondy, cardinal de RETZ.
1659. Pierre VI de MARCA.
1662. Hardouin de Péréfixe de BEAU-MONT.
1671. Harlay de CHAMPVALON.
1695. Louis-Antoine de NOAILLES, cardinal.
1729. Charles-Gaspard-Guillaume de VINTIMILLE DE LUC.

1746. GIGAULT DE BELLEFONDS.
1756. Christophe de BEAUMONT.
1781. Antoine JUIGNÉ de NEUCHELLE.
1802. Jean-Baptiste de BELLOY, car-dinal.
1808. Jean-Siffrein MAURY, cardinal, administrateur capitulaire.
1814. Alexandre-Angélique de TALLEY-RAND PÉRIGORD, cardinal.
1821. Hyacinthe-Louis de QUÉLEN.

Le siége métropolitain de Paris a pour suffragans les évê-
chés de Chartres, Meaux, Orléans, Blois, Versailles, Arras,
Cambrai, et comprend une population de 4,000,000 d'habitans. Son clergé se compose d'un archevêque, 3 vicaires-géné-
raux archidiacres, d'un chapitre métropolitain formé de 16
chanoines, de 12 curés de Paris de première classe, 6 de
deuxième classe, et de 20 succursales; de 8 cantons ruraux,
de 71 vicaires, 5 chapelains, 76 aumôniers, 193 prêtres ha-
bitués de paroisses ou autorisés pour la confession et pour
la prédication, de 28 prêtres directeurs ou professeurs de
séminaires, de 236 prêtres employés, âgés de plus de 60 ans,
de 87 infirmes non susceptibles de service, de 68 élèves en

théologie, 32 en philosophie et 97 dans les séminaires. Total, 1,023 ecclésiastiques, indépendamment de 7 à 800 sé-
minaristes. En comparant ce chiffre avec celui de la population totale du diocèse, on comprendra combien ce clergé
est insuffisant pour administrer aux fidèles les secours spiri-
tuels que leur position réclame.

Les églises de Paris sont au nombre de 44; dans la
liste suivante nous avons indiqué, par ordre chronologique,
le nom de ces édifices, le lieu où ils sont situés, et l'année
dans laquelle ils ont été bâtis ou livrés au culte.

576. — SAINT-GERVAIS, rue du Monceau-Saint-Gervais. Cette
église possède un magnifique portail, des voûtes élevées et de beaux vitraux.

885. — SAINT-GERMAIN-DES-PRÉS, rue S.-Germ.-des-Prés,
est remarquable par ses tableaux. Descartes repose
dans cette église.

1027. — SAINT-PIERRE-DE-CHAILLOT, rue de Chaillot. La
construction de cette église est pleine d'élégance et de
légèreté.

1162. — **NOTRE-DAME**, en la cité. *Voyez* la description de ce
monument, page 17.

1163. — SAINT-MÉDARD, rue Mouffetard, remarquable par ses
tableaux et les tombeaux qu'elle renferme. Nicole et
Patru reposent dans cette église.

1184. — SAINT-NICOLAS-DES-CHAMPS. *Voyez* la description de cette
église, page 25.

1230. — SAINT-NICOLAS-DU-CHARDONNET, rue Saint-Victor, possède des tableaux de Lebrun du plus grand prix.

1245. — LA SAINTE-CHAPELLE. *Voyez* la vignette et la description
de cet antique monument, page 28.

1256. — SORBONNE, place de la Sorbonne. *Voyez* page 26.

1421. — SAINT-GERMAIN-L'AUXERROIS. *Voyez* page 31.

1517. — SAINT-ÉTIENNE-DU-MONT. *Voyez* la description de cette
église et de son jubé, page 32.

1584. — SAINT-JACQUES-DU-HAUT-PAS, rue Saint-Jacques. Les tableaux sont de Degorge, peintre distingué.

1612. — Saint-Merry. Voyez la description de cette église, p. 55.

1622. — Saint-François-d'Assises, rue du Perche, n° 15. Les statues, les fresques et les tableaux qui s'y trouvent sont de véritables chefs-d'œuvre.

1624. — Saint-Séverin. Voyez la description de cette église ainsi que la vignette, page 56.

1624. — Notre-Dame-de-Bonne-Nouvelle, rue Beauregard. Son style est moderne.

1626. — Sainte-Élisabeth, rue du Temple. Les pilastres de cette église sont de l'ordre dorique et ionique. Elle possède des tableaux d'un grand prix.

1626. — Saint-Leu-Saint-Gilles, rue Saint-Denis. Cette église possède un Christ magnifique et des tableaux précieux.

1626. — Saint-Laurent, place de la Fidélité. Les tableaux sont dus à Creutz.

1629. — Notre-Dame-des-Victoires, place des Petits-Pères. Lully, le célèbre compositeur, repose dans cette église.

1639. — Saint-Ambroise, rue Saint-Ambroise, possède une statue de Saint-Jean-Baptiste, dont le travail est admirable.

1639. — Saint-Antoine, rue de Charenton. Les curiosités les plus remarquables de cette église sont des tableaux et des bas-reliefs.

1664. — Saint-Louis en l'île possède des tableaux d'un grand prix.

1670. — L'Assomption, rue Saint-Honoré. Tableaux de Blondel.

1671. — Église des Invalides. Voyez la description de ce monument et la vignette, page 58.

1683. — Saint-François-Xavier, rue du Bac. Les bas-reliefs et les tableaux de cette église sont magnifiques.

1684. — Saint-Denis, rue Saint-Louis, possède, entre autres curiosités, des chefs-d'œuvre de nos plus grands peintres.

1712. — Sainte-Marguerite, rue Saint-Bernard, renferme plusieurs tableaux remarquables.

1719. — Abbaye-au-Bois, rue de Sèvres. Le Christ, de Lebrun, que renferme cette église, est d'un travail parfait.

1727. — Saint-Paul-Saint-Louis. Voyez la description et la vignette, page 40.

1736. — SAINT-ROCH, rue Saint-Honoré. Les groupes, les statues, les tableaux et les bas-reliefs, ainsi que la chaire de cette église, sont admirables.

1740. — SAINT-THOMAS-D'AQUIN, place Saint-Thomas, possède une descente de Croix par Guillemot, qui est un chef-d'œuvre.

1745. — SAINT-SULPICE. *Voyez* la description page 42.

1748. — SAINT-PHILIPPE-DU-ROULE. *Voyez* la vignette, page 45.

1754. — SAINT-EUSTACHE, rue Traînée. Tableaux de Rubens.

1764. — SAINTE-GENEVIÈVE. Voyez la vignette, page 46.

1774. — VAL-DE-GRACE, rue du Faubourg-Saint-Jacques. Cette église possède de beaux tableaux et de riches décorations.

1790. — N.-D.-DES-BLANCS-MANTEAUX, rue des Blancs-Manteaux. Cette église se distingue par ses tableaux et ses riches décorations.

1810. — SAINT-VINCENT-DE-PAULE, rue Montholon. Tableaux et statues remarquables.

1821. — CHAPELLE EXPIATOIRE DE LOUIS XVI. Cette église possède de beaux groupes, représentant les apothéoses de Louis XVI et de Marie-Antoinette.

1835. — SAINT-LOUIS, rue Saint-Louis (au Marais), est d'une construction toute récente.

1836. — N.-D.-DE-LORETTE. Voyez la gravure, page 53.

  —   SAINT-PIERRE-DU-GROS-CAILLOU, rue Saint-Dominique. Cette église est toute nouvelle; la construction en est simple et gracieuse.

  —   LA MAGDELEINE. Voyez la gravure, page 50.

Nous avons négligé dans ce tableau plusieurs chapelles privées appartenant à des hôpitaux, à des hospices, et autres établissemens publics. N'importe; 44 églises sont insuffisantes pour une capitale de 800,000 âmes, où l'on compte par milliers les théâtres et les endroits si divers d'amusemens publics. Et cependant, durant les jours de deuil que la

France eut naguère à traverser, si affligeans pour les âmes chrétiennes, ne vit-on pas une populace effrénée s'insurger pour abattre ces vénérables sanctuaires, construits par la foi de nos pères; ne la vit-on pas s'acharner à tout ce qui portait l'emblême de notre rédemption? Rien n'arrêtait leur fureur, et chose inouie, l'antique demeure de nos archevêques fut violée, réduite en poussière. Aujourd'hui l'illustre prélat qui veille aux destinées des églises de Paris, est sans asile. Mais jetons un voile sur ces sujets de tristesse et de douleur!... Occupons-nous maintenant de la description des principales églises qui sont encore aujourd'hui l'un des plus beaux ornemens de notre capitale. Nous commencerons par la métropole.

NOTRE-DAME.

Elle est située à la pointe orientale de la Cité. Sous le règne de Tibère il existait, dans ce même lieu, un autel consacré à Jupiter et à d'autres dieux du paganisme. Les Parisiens, devenus chrétiens, renversèrent ces idoles et bâtirent une église dédiée à saint Étienne sur l'emplacement actuel des cours de l'archevêché. En 556, Childebert construisit auprès une seconde basilique dédiée à la sainte Vierge; mais l'insuffisance de son étendue, relativement à la population, détermina, en 1161, Maurice de Sully à commencer la construction de la basilique actuelle de Notre-Dame. L'exécution de son projet dura trois siècles. Le pape Alexandre III en posa la première pierre l'an 1163. L'office divin y fut célébré l'an 1185; la nef et le portail principal sont du commencement du XIIIᵉ siècle. La porte rouge, vers

2.

le haut du chœur, terminée en 1420, forme le complé-
ment d'un édifice de 415 pieds de long, et large de 150,
dont l'élévation, la belle disposition, l'harmonie des parties,
l'élégance des détails et le caractère majestueux, excitent
l'admiration des connaisseurs.

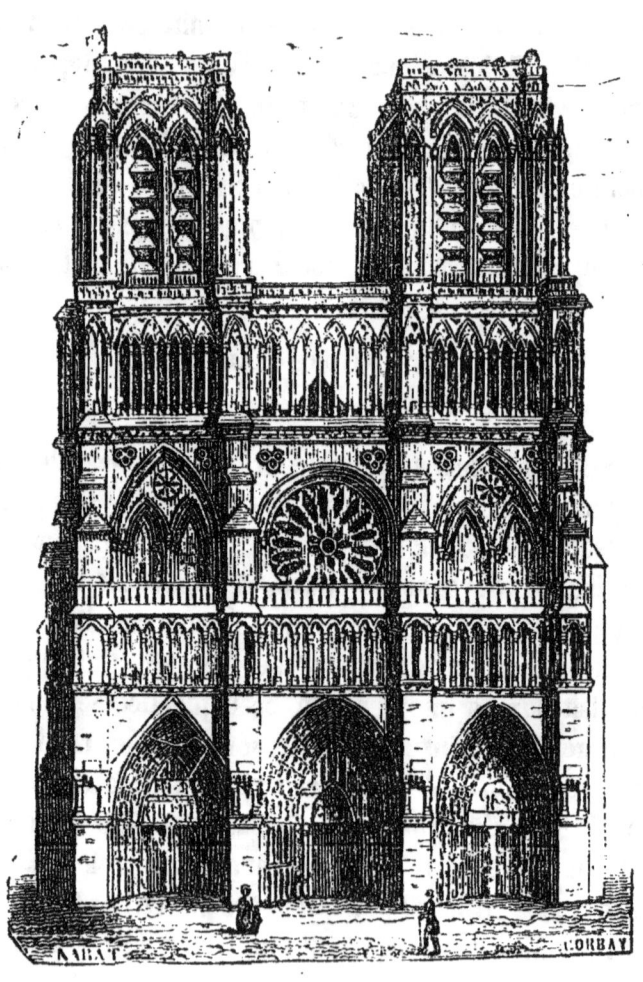

La largeur totale de ce portail est de 120 pieds. Deux

tours carrées de 204 pieds d'élévation l'accompagnent, trois portes placées dans de profondes voussures ogives donnent accès dans l'église. Leurs contours sont chargés de sculptures qui représentent plusieurs passages du Nouveau-Testament et des figures attestant l'état des arts, des mœurs et des connaissances humaines à Paris, durant les XIIIᵉ et XIVᵉ siècles. La porte principale du milieu, originairement carrée et séparée en deux vantaux par un pilier, fut construite en 1771 sur les dessins de Soufflot.

Les vantaux des portes latérales sont couverts d'enroulemens en fer d'une élégante disposition. Au-dessus règne une galerie dans laquelle on voit sur toute la ligne 27 statues plus grandes que nature, représentant les rois francs qui se sont succédé depuis Childebert jusqu'à Philippe-Auguste. Ces sculptures datent du règne de saint Louis. Au-dessus s'élèvent encore trois rangs de galeries d'une sculpture légère, dominées par la plate-forme des tours. On y parvient par un escalier de 389 marches, placé dans la tour septentrionale. Du haut de cette tour l'œil plane sur la capitale, le cours de la Seine et les magnifiques campagnes dont Paris est entouré. Dans la tour méridionale est la cloche nommée le *bourdon*, dont le son grave annonce les grandes solennités. Son poids est de 32 milliers, son diamètre est de 8 pieds, sa hauteur pareille, son battant pèse 976 livres. Louis XIV lui donna, en 1685, époque où on le fondit, le nom d'*Emmanuel*; il faut 16 hommes pour la mettre en branle. La toiture de cet édifice est supportée par une charpente de châtaignier de 356 pieds de long qui s'élève de 30 pieds au-dessus de l'extrados des voûtes. La base de son triangle est de 41 pieds; elle soutient une couverture en plomb pesant 490,240 livres. Sur le pignon oriental du

grand comble, on voit s'élever une croix en fer doré. Les
différentes voûtes de cette église sont contrebutées par un
grand nombre d'arcs-boutans, et les dehors sont décorés
de pyramides, d'obélisques, de frontons travaillés avec
délicatesse. Trois galeries extérieures, unissant toutes ces
formes pyramidales, rassurent l'œil sur la solidité de l'édifice, en présentant par la richesse et la variété de leurs
ornemens une heureuse opposition avec la lisse des murs
et contreforts. Nous offrons ici l'aspect de NOTRE-DAME
vue de son chevet par le pont des Tournelles.

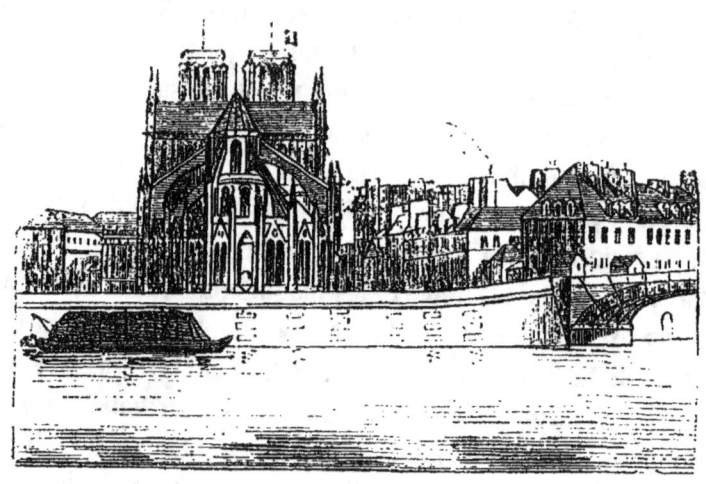

Cette partie de Notre-Dame n'est pas moins remarquable que celle dont nous venons de parler. Au midi ,
du côté où s'élevait avant la révolution de juillet l'archevêché, est un autre portail appelé porte Saint-Marcel.
Là sont représentés saint Étienne, à sa gauche se trouvent
saint Denis et saint Germain d'Auxerre. Au-dessus on voit

saint Étienne avec l'histoire de sa vie et de son martyre. Le portail qui fait face, autrement le portail septentrional, représente dans ses sculptures plusieurs sujets remarquables. A droite sont les trois vertus théologales, à gauche les trois Mages, et au-dessus la Naissance de Jésus-Christ, l'Adoration des Mages, la Fuite en Égypte et le Massacre des Innocens. Les bas-reliefs que l'on voit depuis la porte rouge jusqu'à la porte Saint-Denis sont d'une exécution parfaite; le premier représente la sainte Vierge mourante visitée par les apôtres, et les disciples debout et consternés; dans le second sont les funérailles de la Vierge. Le tombeau en forme d'arche est porté par les apôtres et les disciples. Dans le troisième, la sainte Vierge debout, une palme à la main, se tient dans une niche en forme de coquille oblongue, supportée par des anges; le quatrième représente Jésus-Christ environné d'anges; le cinquième est une allégorie en l'honneur de la sainte Vierge, dans laquelle l'artiste a représenté Salomon couronné, accueillant la mère des cieux.

Tout dans ce magnifique édifice correspond à sa magnificence extérieure, et inspire le recueillement et la vénération. Le sanctuaire est brillant de dorures, de marbres précieux, de chefs-d'œuvre de la statuaire. Tout est grand dans cette basilique, la perspective, la hauteur des voûtes, la multiplicité des piliers qui la soutiennent. L'église est en forme de croix romaine; elle est environnée de deux rangs de bas-côtés, et d'une ceinture de 45 chapelles; sa longueur est de 390 pieds dans l'œuvre; la porte d'entrée, jusqu'à celle du chœur, a 225 pieds, 115 pieds jusqu'au mur du fond du chœur. Sa largeur est de 39 pieds dans la nef, de 144 dans la croisée et de 35 dans le chœur.

La hauteur de la voûte principale est de 104 pieds. Des galeries intérieures, placées au-dessus des nefs collatérales, servent à voir commodément les cérémonies religieuses. Leur entrée est pratiquée, pour celles de la nef, dans les deux tours ; pour celles du chœur, à l'entrée de leurs bas-côtés près de leurs grilles ; 120 gros piliers de 4 pieds de diamètre soutiennent les voûtes principales, 297 colonnes, toutes d'un seul bloc, sont réparties dans les bas-côtés et dans les galeries hautes ; dans la décoration des chapiteaux, l'acanthe est mêlée aux feuilles de choux et de chardon. 113 vitraux introduisent la lumière dans ce temple. Au-dessus de la porte principale est un superbe buffet d'orgues de 45 pieds de hauteur sur 36 de largeur. Le pavement entier de l'édifice est de marbre.

Les jubés qui séparent le chœur de la nef principale sont composés de deux estrades en marbre griote ; elles sont élevées de 5 pieds 6 pouces ; leurs panneaux, d'un poli transparent, sont ornés de fleurs de lys dorées. Dans leur milieu, une grille de même hauteur ferme l'entrée du chœur. Ce chef-d'œuvre de serrurerie fut exécuté, en 1809, sur les dessins de MM. Fontaine et Percier, par M. Vavin. En entrant dans le chœur on est frappé de la magnificence de la boiserie qui est au-dessus des stalles ; son commencement est marqué par deux pilastres décorés d'arabesques. Des bas-reliefs, représentant des traits de la vie de la sainte Vierge et d'autres sujets pieux, ornent cette boiserie sculptée par du Goulon, Belleau, Turpin et le Goupel. Ces boiseries se terminent de chaque côté par une chaire archiépiscopale en cul de four, surmontée de baldaquins enrichis de groupes d'anges tenant des instrumens religieux sculptés par du Goulon. On y admire aussi, au-dessus de ces lambris, huit grands tableaux des meilleurs maîtres de l'école française du commencement du siècle dernier. Le premier de ces tableaux, en commençant à droite par le haut du chœur, est l'Annonciation, par *Hallé*; le second, la Visitation, appelé le Magnificat, chef-d'œuvre de *Jouvenet*; il le peignit de la main gauche après être devenu paralytique de la droite; le troisième, la Naissance de la Vierge, par *Philippe de Champagne;* le quatrième, l'Adoration des mages, par *Lafosse;* le premier à gauche, la Présentation de Jésus-Christ au temple, par *Louis de Boulogne;* le second, une fuite en Égypte, par le même; le troisième, la Présentation de la Vierge au temple, par *Philippe de Champagne;* le quatrième, l'Assomption de la Vierge, par *Antoine Coypel.* L'aigle placé au milieu du chœur, en 1813, est d'une grande élégance.

On monte au sanctuaire par quatre degrés de marbre blanc; il est bordé de balustrades circulaires dont les appuis de marbre vert d'Égypte sont supportés par des balustres en marbre de Flandre; sur cet appui sont placés, sur des socles de marbre vert de Campan, deux candélabres de 9 pieds de hauteur dont le fût, en marbre vert de mer, porte une vasque surmontée d'une girandole de bronze doré à 9 branches. Le maître-autel, en marbre blanc, exécuté en 1803, s'élève sur trois degrés semi-circulaires en marbre de Languedoc; sa longueur est de 12 pieds 8 pouces, sa hauteur de 3 pieds; trois bas-reliefs le décorent; celui du milieu représente le Christ au tombeau, exécuté par Van Clève pour l'église des Capucins. Les deux bas-reliefs latéraux représentent des anges portant les instrumens de la Passion. Son tabernacle est un socle carré de marbre enrichi d'une fermeture de bronze doré sur laquelle est représenté l'Agneau pascal; sur son gradin de marbre blanc, orné de fleurs de lys, sont placés six chandeliers dorés d'or moulu ayant 4 pieds 8 pouces de haut. La croix placée sur le tabernacle a 7 pieds de haut. Au pied de chacun des dix pilastres du sanctuaire sont, sur des piédestaux de marbre blanc, des anges en bronze portant chacun un instrument de la Passion. Les sept arcades du sanctuaire, fermées par des grilles polies comme de l'acier, furent incrustées de marbre sous Louis XIV. Leurs ogives furent transformées en arcs de plein cintre et leurs piliers en pilastres, ce qui forme une disparate choquante avec l'ordonnance sarrazine du reste de l'édifice. Sous les deux arcades les plus proches de l'autel, sont placées, sur des piédestaux de marbre blanc, deux statues représentant Louis XIII et Louis XIV avec tous les insignes de la royauté, dans l'attitude de l'adoration. Louis XIII, par *Coustou*, est du côté de l'Évangile, et Louis XIV, par *Coysevox*, de l'autre côté. Dans la baie du fond du sanctuaire, disposée en niche, s'élève un magnifique groupe de marbre blanc, dont les figures principales ont 8 pieds de proportion. Elles représentent Jésus descendu de la croix; la sainte Vierge assise élève vers le ciel les yeux et les bras; ses genoux supportent la tête et une partie du corps du Christ; sa douleur paraît immense, mais sa résignation est plus grande encore. Deux anges l'accompagnent, l'un sous la figure d'un adolescent soutenant l'une des mains du Sauveur; l'autre, tenant la couronne d'épines, considère les empreintes qu'elles ont laissées sur le chef sacré. Une croix ornée d'un linceul domine ce groupe sculpté, en 1723, par *Nicolas Coustou*, pour l'accomplissement d'un vœu de Louis XIII. Sur la clôture extérieure du chœur sont des sculptures fort grossières faites dans le XIV° siècle, par *J. Ravy*, se disant humblement le maçon de Notre-Dame.

SAINT-NICOLAS-DES-CHAMPS.

Cette église, remarquable par son architecture demi-go-
thique demi-sarrasine, est située rue Saint-Martin entre les

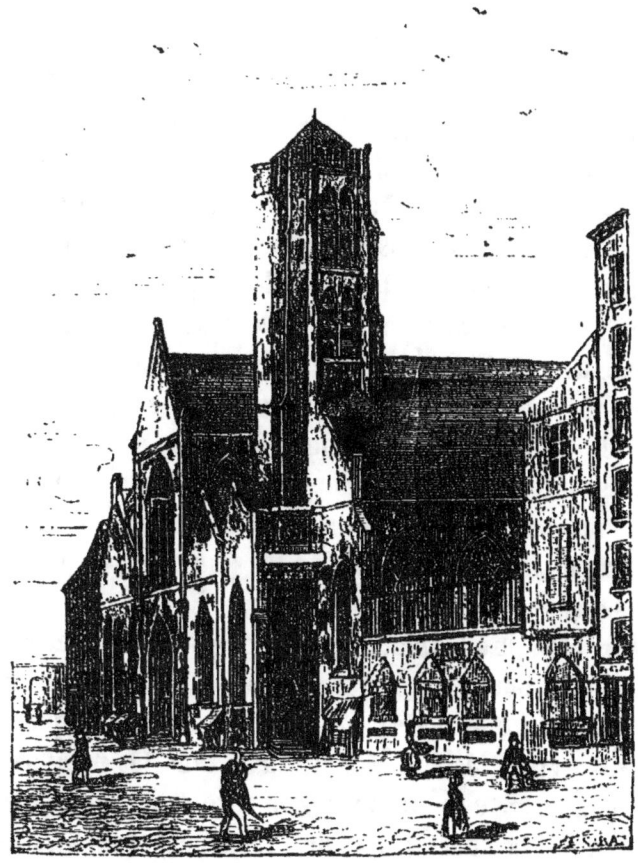

nᵒˢ 202 et 204. D'abord petite chapelle de campagne, ainsi
que l'indique son nom, elle fut plus tard comprise dans
l'enceinte de Paris, par suite des agrandissemens de la

3

ville. Aujourd'hui c'est une église paroissiale des plus peu-
plée. Son intérieur, décoré avec beaucoup de pompe peu
de temps avant la Révolution, a conservé de beaux restes de
son ancienne splendeur, et possède des tableaux de Vouet,
de Sarrazin, de Caminade, de Delaistre et de Bourdon.

ÉGLISE DE LA SORBONNE.

Cette église est située place Sorbonne dans le onzième
arrondissement. Elle doit son existence à Robert de Sorbon,
chanoine de Paris et chapelain de saint Louis. Robert éta-
blit, en 1253, une maison destinée à recevoir un nombre
déterminé d'ecclésiastiques séculiers qui, vivant en commun, devaient s'occuper exclusivement d'étude et d'ensei-
gnement. En 1256, saint Louis donna au nouvel établisse-
ment une maison située rue Coupe-Gueule ou Coupe-
Gorge, vis-à-vis le palais des Thermes, et deux autres
situées rue des Deux-Portes et rue des Maçons. Le prix des
locations fut destiné à l'entretien des pauvres écoliers qui
recevaient les uns deux sous, les autres dix-huit deniers
par semaine.

Mais bientôt on admit dans ce collége des docteurs, des
bacheliers, boursiers et non boursiers, que l'on distingua
sous le nom d'associés; on les recevait de quelque pays
qu'ils fussent. L'égalité régnait entre tous les membres, il
n'y avait parmi eux ni maîtres ni disciples. Cette maison
avait un proviseur et un prieur. Le prieur était élu chaque
année, le 31 décembre; il était pris parmi les bacheliers
en licence, et présidait aux assemblées générales de la So-
ciété.

Le cardinal de Richelieu, proviseur du collège, fit reconstruire cet édifice sur un plan plus riche et plus vaste. Les bâtimens du collège furent commencés en 1629,

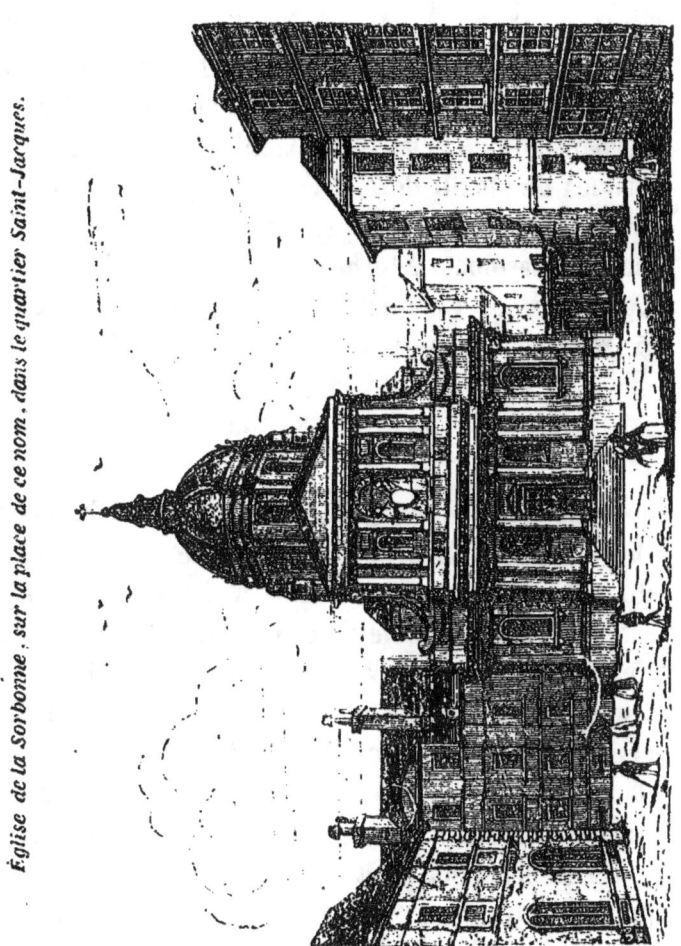

Église de la Sorbonne, sur la place de ce nom, dans le quartier Saint-Jacques.

l'église en 1635, et ne fut achevée qu'en 1659. Le portail de l'église est de l'ordre corinthien avec des colonnes engagées, et de l'ordre composite. Dans les espaces entre deux, en haut et en bas, il y a quatre niches où sont placées des statues de marbre faites par Guillain. Le portail du côté de la cour n'a qu'un seul ordre de dix colonnes isolées ; élevé sur un perron d'environ dix marches, et couronné d'un fronton à l'imitation des anciens. L'intérieur de l'église est entièrement pavé en marbre. Le dôme est accompagné de quatre campanilles et de statues avec des bandes de plomb doré. La coupole, peinte par Philippe de Champagne, est magnifique. Cette église possédait le tombeau du cardinal de Richelieu, un des plus beaux ouvrages de Girardon. Ce tombeau, qui est de marbre blanc, fut érigé par les héritiers du cardinal en 1694.

LA SAINTE-CHAPELLE.

Ce beau monument gothique, qui est situé dans l'enceinte du Palais-de-Justice, ne sert plus aujourd'hui aux cérémonies du culte, mais il n'en est pas moins digne de tout notre intérêt. Saint Louis le fit élever en 1245, sur les dessins de Pierre de Montereau. En 1630, le clocher, dont on admirait la hardiesse et l'élégance, fut détruit par un incendie. Le bâtiment de la Sainte-Chapelle est distribué en deux églises ; on y monte par quarante-quatre degrés. C'est sur l'emplacement de la chapelle Saint-Nicolas, bâtie par le roi Robert, que saint Louis fit construire la Sainte-Chapelle, afin de placer convenablement les reliques que lui avaient vendues dans leur détresse Jean de Brienne et Beaudoin II, empereurs latins de Constantinople. Sur un tableau appendu dans la Sainte-Chapelle, on lisait l'acte de vente et la description de ces reliques achetées à grands

frais par saint Louis. C'étaient la sainte couronne d'épines ;
un morceau de la vraie croix (que l'on déroba dans la
nuit du 10 mai 1575) ; le fer de la lame qui perça le côté de
J.-C. ; une partie de l'éponge qui servit à lui donner du

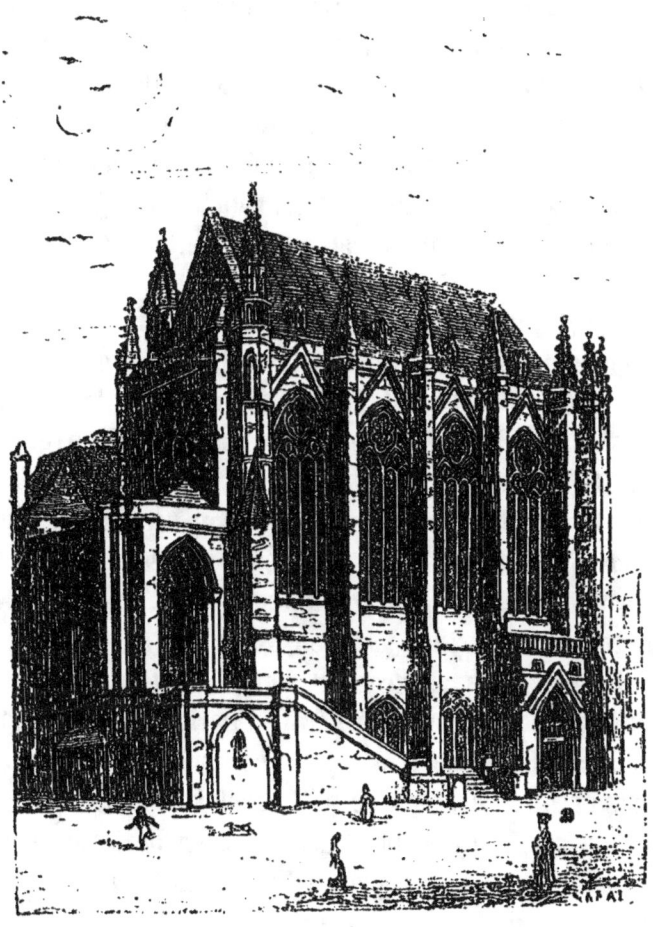

vinaigre ; une partie du roseau qu'on lui mit dans la main
en guise de sceptre ; une partie de la robe de pourpre ; un

3.

morceau du saint suaire ; le linge dont Jésus se servit pour
essuyer les pieds des apôtres ; une partie de la pierre du
saint sépulcre ; une croix appelée la *croix de triomphe*,
parce que les empereurs grecs la portaient dans les combats ;
une autre portion de la vraie croix ; du sang de J.-C. ; les
drapeaux dont le Sauveur fut enveloppé dans son enfance ;
du sang qui sortit miraculeusement d'une image de N. S.
ayant été frappée d'un infidèle ; la chaîne dont N. S. fut lié ; la
sainte nappe ; du lait de la Vierge ; la verge de Moïse. La sacristie renfermait en outre une foule d'objets rares et précieux. On y voyait, entre autres, l'admirable agathe onyx que
possède maintenant le cabinet des antiquités de la bibliothèque royale. Ce fut sous le règne de Louis XIII que le
savant Peyresc reconnut le véritable sujet de ce camée qui
représente l'apothéose de Marcellus. Il avait été vendu à
saint Louis par Beaudoin II ; il fut cassé en deux morceaux
lors de l'incendie du palais le 7 mars 1618. Il a été réparé
en 1810 ; des voleurs le dérobèrent pendant la nuit, mais
on parvint heureusement à le recouvrer. Au-dessus de la
sacristie de la Sainte-Chapelle était le trésor des chartres du
royaume, établi par Philippe-Auguste, régi depuis le
règne de ce prince jusqu'en 1582 par un officier nommé
le trésorier des chartres, et depuis 1582 jusqu'à la Révolution, par le procureur-général du parlement. Le chapitre de
la Sainte-Chapelle n'était point compris dans le nombre des
chapitres de Paris, parce qu'il ne relevait pas de l'archevêché
de Paris, mais du Saint-Siége. L'escalier de cette église a été
refait à neuf sous l'empereur Napoléon. On a placé dans cet
édifice un dépôt d'archives.

SAINT-GERMAIN-L'AUXERROIS.

Cette église, *cure* du quatrième arrondissement, prend aussi le titre d'*église royale et paroissiale*. Ce ne fut pas

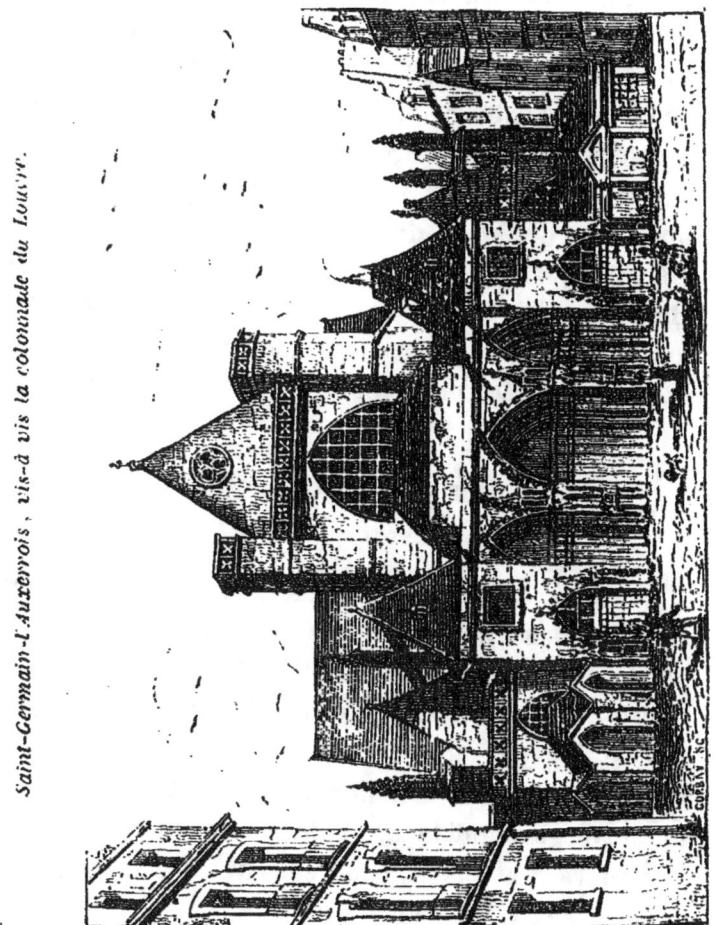

Saint-Germain-l'Auxerrois, vis-à-vis la colonnade du Louvre.

cependant en 1831 une égide assez puissante pour la ga-

rantir contre un mouvement populaire inexplicable qui l'en-
leva au culte. Elle a été réouverte en 1837 à la grande
satisfaction des habitans de Paris et surtout de ceux du
quartier. Les antiquaires donnent à la primitive église de
Saint-Germain-l'Auxerrois plus de onze siècles d'antiquité.
Elle fut rebâtie en 1421, mais on laissa subsister l'ordonnance sarrazine de son porche. Sa disposition intérieure
est régulière ; un double rang de bas-côtés et une ceinture
de chapelles entourent la nef. Sa longueur est de 240 pieds,
sa largeur dans la croisée de 120. Sa structure fut toute gothique jusqu'en 1745. Au-dessus de son principal autel est
un tableau de *Pajol*, donné par le Roi, représentant saint
Germain donnant le voile sacré à sainte Geneviève. Deux
chanceliers de France, de la famille d'Aligre, y ont leur
tombeau. On y remarque les grilles magnifiques du chœur
exécutées par *Deumier*. Cette cure n'a pas de succursale.

SAINT-ÉTIENNE-DU-MONT.

La grâce, la légèreté, et la bizarrerie de l'architecture
sarrazine, sont déployées dans cet édifice. La voute, très-
élevée, est soutenue par des piliers fort maigres, sans chapiteaux, mais partagés à la moitié de leur hauteur par une
galerie si étroite, qu'un homme pourrait à peine y passer.
Dans l'arcade du rond-point du sanctuaire, une châsse, en
forme d'église gothique, renferme des reliques de sainte
Geneviève. Son tombeau, autrefois dans l'église souterraine
de l'Abbaye, est placé dans une des chapelles latérales du
côté gauche, elle est décorée d'une statue de la sainte, par
Valois. Parmi de petits tableaux votifs, on doit remarquer

un intérieur d'église peint par *M. Gosse*, et un portrait très-ressemblant de Louis XIII. Vis-à-vis des portes latérales du chœur, sont deux tableaux votifs de la ville de Pa-

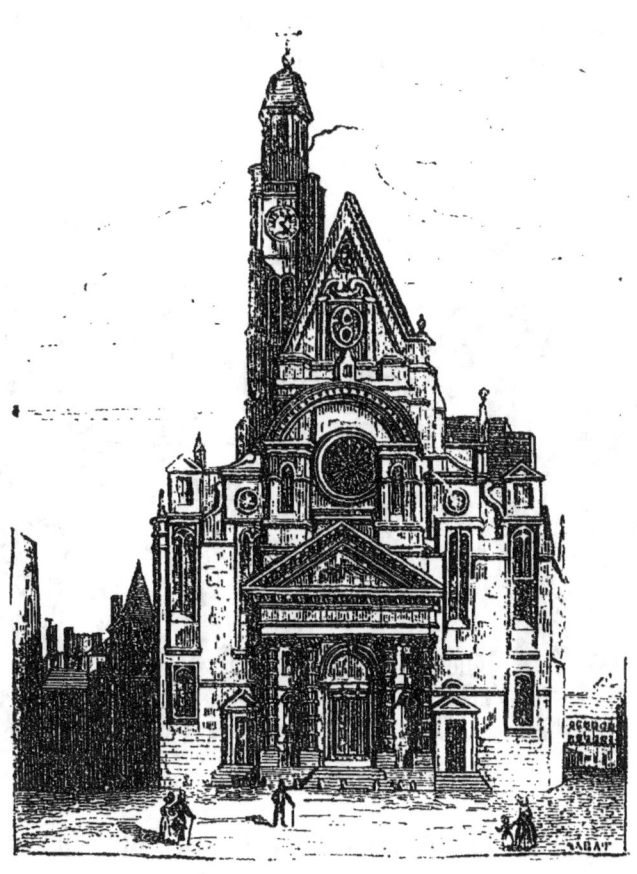

ris; l'un fut peint par *de Troy*, pour remercier la sainte de la cessation de la famine qui suivit l'hiver de 1709; l'autre, de *Largilière*, fut voté l'an 1669 pour la cessation d'une famine de deux années. Le peintre s'y est placé parmi des

spectateurs, au milieu desquels il a peint le poète Santeuil.
Dans le bas-côté gauche est un tableau de Lebrun représentant le martyre de saint Étienne. Abel de Pujol et François Grenier y ont également des tableaux qui font honneur
à leur talent. Dans la chapelle de la Vierge sont les tombeaux de Pascal et de J. Racine.

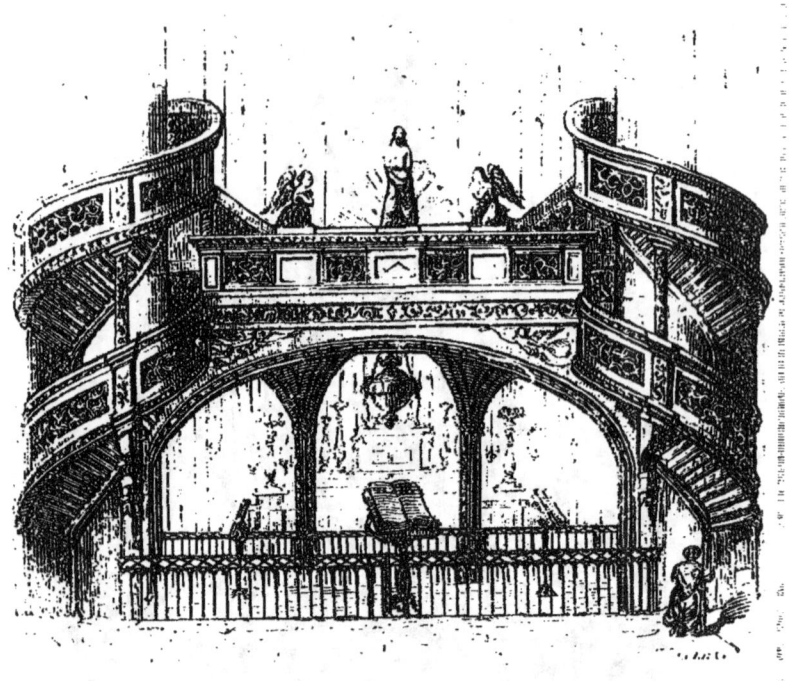

La nef de cette église est séparée par un jubé, dont on
voit ici la copie fidèle ; il est du plus gracieux effet. On
y parvient par des escaliers dont les marches semblent
sans point d'appui , tant est léger leur encorbellement. La
chaire, soutenue par un Samson, est due au talent de
l'*Estocard*, et les vitraux de ses charniers à celui de
Pinaigrier.

ÉGLISE PAROISSIALE DE SAINT-MERRY.

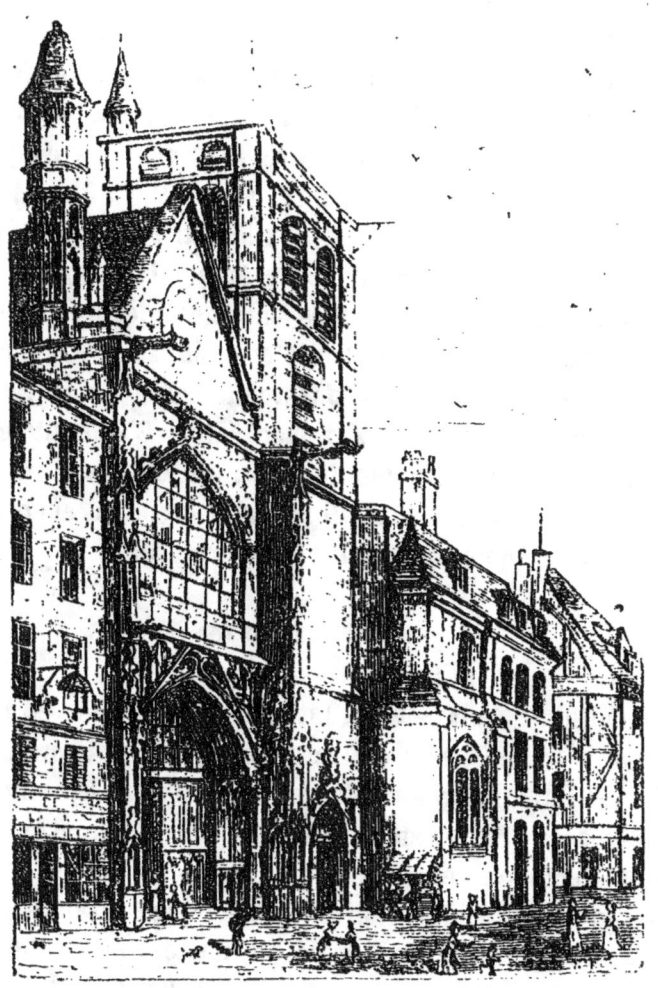

Cette église, située dans le 7ᵉ arrondissement, rue Saint-
Martin, entre les nᵒˢ 2 et 4, dut son origine à un petit

oratoire, dit Saint-Pierre-des-Bois, auprès duquel se logea et mourut saint Merry. Son corps fut levé de terre en 834 ; et en 1010, le chapitre de Notre-Dame y fonda une collégiale. Sous François Ier elle fut rebâtie dans le style gothique, mais d'un genre élégant et riche en ornemens ; elle fut achevée en 1612. Une ceinture nombreuse de chapelles l'entoure. La châsse de saint Merry est placée au-dessous de l'autel principal. *Restout, Carle Vanloo, Vouet, Coypel, Belle, Colson, Guichard* et *Bra* ont peint les principaux tableaux de cette église. La chapelle de la communion, éclairée par trois lanternes, décorée de pilastres corinthiens, fut construite en 1754, sur les dessins de *Boffraud*. Il existe encore dans cette église des vitraux de *Pinaigrier*, d'une beauté remarquable. C'est cette église qui, lors de l'insurrection de 1832, fut choisie par les républicains pour leur citadelle ; aussi aperçoit-on encore sur sa façade de nombreuses traces de projectiles.

SAINT-SÉVERIN.

L'église de Saint-Séverin fut érigée en paroisse en 1210 ; elle a été reconstruite à diverses époques, notamment en 1347 et 1489. On pourvut à ces dépenses par la vente des indulgences. Cette vente était autorisée par une bulle du pape. Deux lions en pierre sont placés de chaque côté de l'entrée principale. C'était là que les juges prononçaient leurs sentences, lesquelles se terminaient par cette formule : *datum inter leones*. Un des battans de la même porte était jadis couvert de fers à cheval. Saint Martin était un des patrons de cette église. C'était l'usage alors d'invoquer son assistance quand on entreprenait un voyage.

Le voyageur attachait un fer à cheval à la porte de l'église,
ou à la chapelle spécialement consacrée à Saint-Martin. La
belle coupole que l'on voit dans cette église, soutenue par

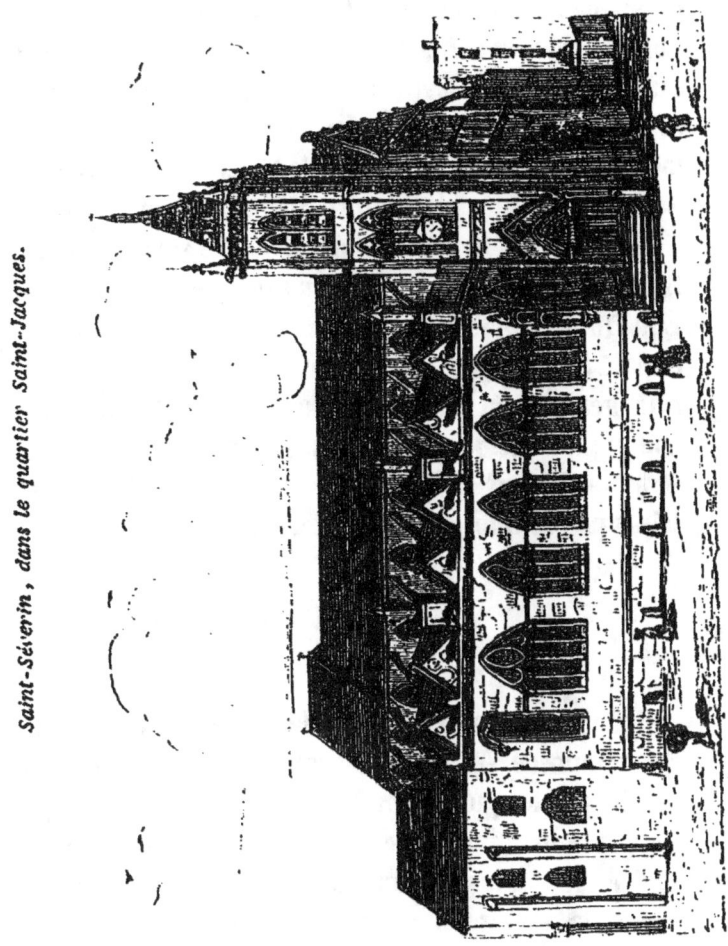

Saint-Séverin, dans le quartier Saint-Jacques.

huit colonnes de marbre, et ornée de bronzes dorés, fut exécutée par Tubi sur les dessins de Lebrun et un dessin de made-

moiselle Montpensier. Elle demeurait au Luxembourg; mé-
contente des prêtres de St-Sulpice, elle obtint de l'archevêque
de Paris que St-Séverin devînt sa paroisse et celle de ses gens.
On remarquait dans cette église plusieurs tableaux de Philippe Champagne, un saint Pierre par Brasse, que les marguil-
liers trouvèrent si beau qu'ils payèrent au peintre le double
du prix convenu. Cette église renferme les tombeaux d'É-
tienne Pasquier, auteur des *Recherches sur la France*,
mort en septembre 1615 âgé de 87 ans; des frères jumeaux
Scévole et Louis de *Sainte-Marthe*, historiographes de
France, morts le premier en 1650, le second en 1656; de
Louis Moréri, auteur du *Dictionnaire historique*; de Louis
Élie Dupin, docteur de Sorbonne, accusé d'hérésie, auteur
de la *Bibliothèque des auteurs ecclésiastiques*; du procureur-général au parlement de Metz, Eustache Lenoble,
connu par quelques ouvrages, par son procès criminel, et
mort le 31 janvier 1711, dans une telle indigence qu'il ne
laissa pas de quoi se faire enterrer.

ÉGLISE DES INVALIDES.

L'entrée de cette église est dans la cour des Invalides; elle
est composée d'une nef accompagnée de deux bas-côtés,
au-dessus desquels règnent des tribunes. L'autel principal
est placé sous une arcade communiquant avec une seconde
église, au-dessus de laquelle s'élève le dôme. Cet autel est
orné de six colonnes torses groupées trois à trois, et
dorées.

Le dôme de cette église est considéré comme un chef-
d'œuvre de Hardouin *Mansard* qui l'acheva en 1706.

Les grands artistes du siècle de Louis XIV y ont à l'envi déployé leurs talens. Il a son portique spécial tourné vers les boulevards. Une ceinture de quarante colonnes corinthiennes règne autour du dôme avant la naissance de

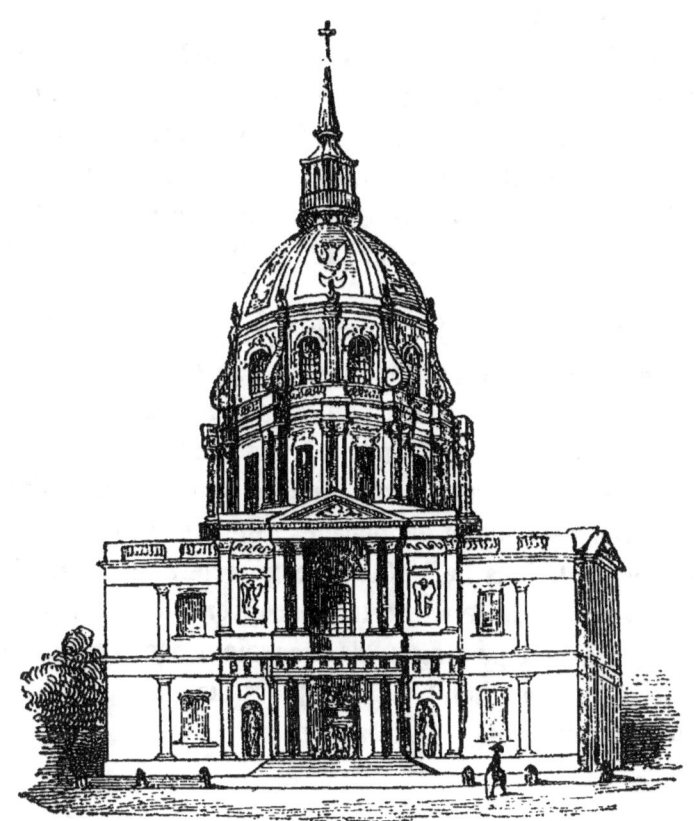

la coupole, terminée par un lanternin au-dessus duquel s'élève une aiguille surmontée d'une croix, dont la pointe est à 323 pieds au-dessus du sol. Cette coupole est couverte en plomb. Ses douze grandes côtes, dorées sous Louis XIV,

seulement peintes en jaune sous Louis XV, furent redorées
en 1812, par ordre de Napoléon, ainsi que les trophées
d'armes placés dans leur intervalle. Ces dorures et celle de
la boule soutenant le lanternin sont d'un effet éclatant et
riche. Le bas intérieur de ce dôme est pavé en marbre de
la manière la plus élégante, et la coupole intérieure, de
50 pieds de diamètre, offre à l'œil un ciel ouvert, et Jésus-
Christ environné d'anges et de saints, peints par *C. Lafosse*,
l'un des premiers coloristes de l'école française. *Jouvenet,
Coypel, Bon-Boulogne, Louis Boulogne* et le statuaire
Girardon, sont les artistes qui, avec *Hurtrell, Poultier,
Michel Corneille* et *Slodtz*, ont embelli ce dôme magnifique.

L'hôtel des Invalides est sous la surveillance spéciale du
ministre de la guerre. Un maréchal de France en est ordinairement le gouverneur. Son conseil d'administration est
composé de militaires des plus hauts grades et de personnages les plus éminens de l'État; les plus habiles médecins
de l'armée y traitent les malades; des sœurs de la Charité
les soignent. Plus de 4,000 vieux guerriers reçoivent dans
cet honorable asile une retraite convenable, et un traite-
ment conforme au rang qu'ils occupaient dans l'armée. On
peut visiter cet hôtel tous les jours depuis dix heures du
matin jusqu'à quatre heures du soir.

SAINT-PAUL—SAINT-LOUIS.

Cette église est située rue St-Antoine, entre les n°° 118
et 120. Bâtie en 1627 pour la maison professe des *jésuites*,
sur les plans du P. *Derrand*, jésuite. Son portail, placé

au-dessus d'un perron , s'élève de 144 pieds sur une base
de 72. Trois ordres d'architecture, l'un au-dessus de l'autre,

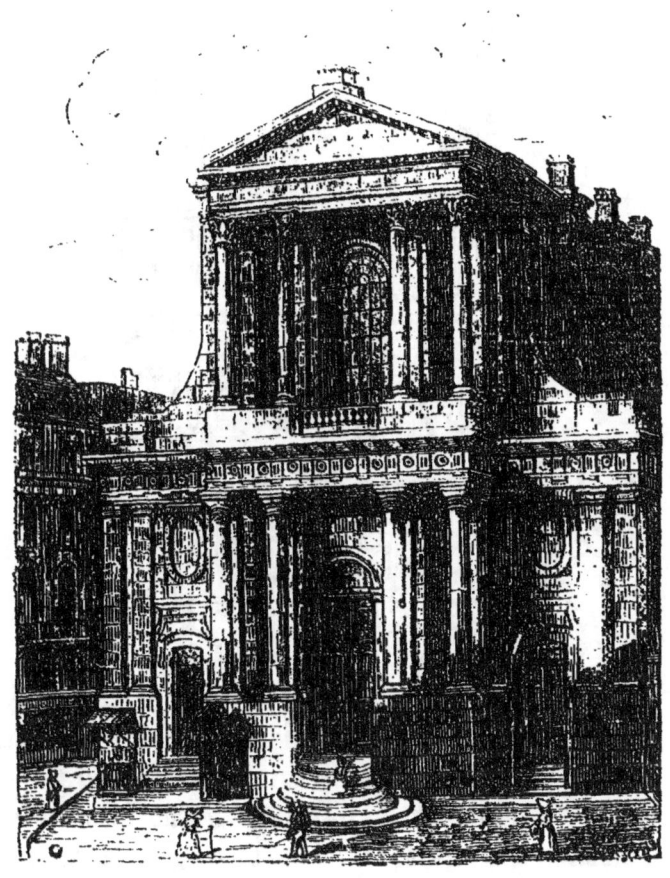

le décorent. L'église est en forme de croix romaine , avec
un dôme sur pendentifs au milieu de la croisée. On remarque plusieurs tableaux peints par *Schmitz* et *Bra.*

4.

ÉGLISE PAROISSIALE DE SAINT-SULPICE.

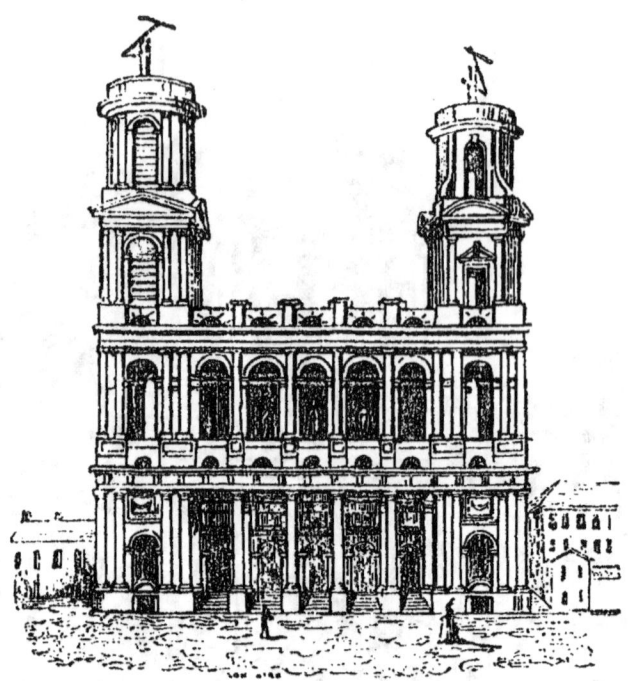

Cette église, *cure* du 11ᵉ arrondissement, est située place Saint-Sulpice. Anne d'Autriche en posa la première pierre. Louis *Levau* en fournit les premiers dessins ; *Servandoni* construisit son portail ; *Maclaurin* et *Chalgrin* élevèrent ses tours. Sa dédicace ne se fit qu'en 1745, quatre-vingt-dix ans après la pose de la première pierre. Sa longueur, depuis la première marche de sa façade principale jusqu'à l'extérieur du mur de la chapelle de la Vierge, est de 336 pieds. Sa hauteur, du pavé à la voute, est de 99 pieds ; la longueur du chœur est de 89 pieds. La largeur totale de l'édifice est de 74 toises. La hauteur des tours est de 210 pieds. Son portique, renommé par son imposante beauté, se compose de deux ordonnances dorique et ionique. Les colonnes doriques ont 40 pieds de haut, 5 de diamètre et 10 pieds d'entablement. Les colonnes ioniques ont 39 pieds de hauteur, 4 pieds 3 pouces de diamètre, un entablement de 9 pieds. Aux deux extrémités s'élèvent deux corps de bâtimens carrés, unis à leur base par une balustrade supportant deux tours de formes différentes. Celle du midi, élevée en 1749 par Maclaurin, est composée de deux ordonnances : la première octogone, la seconde circulaire. La tour septentrionale, construite en 1777 par Chalgrin, diffère de la première par une plus grande élévation t une première ordonnance quadrangulaire. Aux extrémités du portail et à l'aplomb des tours, sont, dans leur rez-de-chaussée, deux chapelles : l'une est un baptistère ; l'autre un sanctuaire pour le viatique. Chacune est ornée de quatre statues allégoriques sculptées par Mouchy et Boizot. Les fonts baptismaux, dessinés par Chalgrin, sont précieux par leur matière et leur forme. La beauté de ce portail, son caractère mâle, simple et imposant, résultent de la continuité des lignes sans ressauts et de l'heureuse harmonie régnant entre ses parties. La tribune sur laquelle repose le buffet d'orgues fabriqué par *Cliquot* est soutenue par des colonnes composites dessinées par Servandoni. Les piliers de la nef et du chœur sont ornés de pilastres corinthiens et revêtus de marbre jusqu'à 5 pieds de hauteur. La disposition de l'autel principal en marbre blanc avec ornemens dorés d'or moulu entre la nef et le chœur, est grande et majestueuse. Une balustrade circulaire, dont les balustres de bronze supportent une tablette de marbre précieux, en défend l'accès.

Le chœur est orné de douze statues en pierre de Tonnerre, représentant les apôtres, par *Bouchardon*. A l'entrée de la nef sont deux valves d'un énorme coquillage, supportés par deux rochers de marbre blanc sculptés par *Pigalle :* ces coquillages (*tridachna gigas*) furent offerts à François Ier par la république de Venise; ils y servent de bénitier. Une méridienne établie en 1743 par Henri Sully fixe d'une manière certaine l'équinoxe du printemps et le jour de Pâques. Dans la seconde chapelle à droite on remarque une descente de croix. Plusieurs épisodes de la vie de saint Roch sont peintes à fresque dans la troisième, par *Abel de Pujol*. Dans la chapelle immédiatement au-dessus M. Vinchon a retracé aussi à fresque la vie de saint Maurice et le massacre de la légion thébaine. A côté de la porte de la sacristie est une statue de saint Pierre, par *Pradier*, et une de saint Jean l'Évangéliste, par le même. Dans la chapelle au-dessus est une prédication de saint Denis, une Assomption et saint Fiacre refusant la couronne d'Écosse, par *Juine*. Dans la chapelle supérieure, un saint Michel terrassant Lucifer, par *Mignard*, copie de Raphaël. Dans le rond-point est la magnifique chapelle de la Vierge, restaurée par Vailly; elle est éclairée par un jour mystérieux qui y produit le plus bel effet. Vanloo a peint les tableaux qui ornent cette chapelle. La coupole où Lemoine a représenté l'assomption a été restaurée par *Callet*. Au devant est un escalier descendant à l'église basse. Dans les chapelles à gauche on remarque saint Charles Borromée donnant la communion aux pestiférés, par *Gaucher ;* saint Jean l'Évangéliste, par *Pierre ;* le jugement dernier, par *Barthélemy;* et saint Vincent de Paule, par *H. Vincent.*

SAINT-PHILIPPE-DU-ROULE.

Cette église qui, en 1793, reçut plus d'outrages que toutes les autres de la part des révolutionnaires, est située rue du

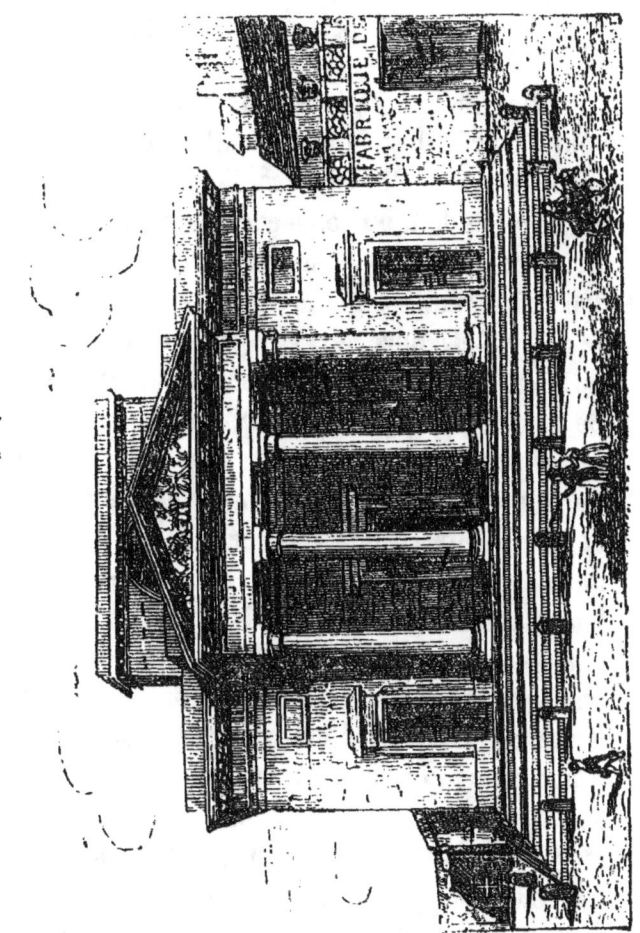

faubourg du Roule entre les n° 8 et 10. Au commencement du xiii° siècle, c'était une léprosorie, appelée l'hôtel du

Bas-Rollé et hôtel du Roule. Sur la fin du xviie siècle, cette léproserie fut érigée en paroisse. On la reconstruisit, de 1769 à 1784, sur les dessins de Chalgrin. C'est maintenant la seconde succursale de l'église de la Madeleine.

BASILIQUE DE SAINTE-GENEVIÈVE.

Cette église, que par une inconcevable aberration on a dé-tournée de sa destination première, est située sur une vaste place près la rue St-Jacques. Louis XV ayant adopté les dessins de Soufflot, on commença de creuser ses fondations en 1757. Le plan de cet édifice est une croix grecque formant quatre nefs se réunissant à un centre commun, où se trouve placé le dôme. Cet édifice, en y comprenant le péristyle, a 339 pieds de longueur sur 253 pieds 6 pouces de largeur hors d'œuvre. Sa façade principale se compose d'abord d'un perron de onze marches et d'un portique en péristyle imité du Panthéon de Rome. Il présente sur une première ligne six colonnes et vingt-deux dans son ensemble; dix-huit sont isolées et quatre engagées; elles sont cannelées d'ordre corinthien; leur hauteur est de 58 pieds 3 pouces y compris bases et chapiteaux; leur diamètre de 5 pieds et demi. Elles supportent un fronton triangulaire dont le tympan est orné d'une croix entourée de rayons. L'Assemblée constituante ayant donné pour destination à cet édifice d'être le tombeau des hommes qui auraient honoré la France par leurs actions, leurs ouvrages ou leurs vertus, sa frise porta pendant vingt ans cette inscription : *Aux grands hommes, la Patrie reconnaissante.* Mais en 1822 elle fut rendue à sa destination première, et on y lut sur la plinthe cette dédicace : D. O. M. SUB. INVOC. *S. Genovefæ*, LUD. XV DICAVIT, LUD.

VIII RESTITUIT. La révolution de 1830 a effacé de nouveau
cette inscription, et maintenant, comme par dérision, quelques groupes de soldats, accompagnés de fifres et de tam-
bours, ornent le frontispice de cette belle église que l'on
affecte de désigner sous le nom de *Panthéon*.

Le dôme extérieur de *Sainte-Geneviève* montre d'abord
au-dessus des combles un vaste soubassement carré, à pans
coupés, où viennent aboutir quatre contreforts, arcs-boutans, sur lesquels sont pratiqués des escaliers découverts
montant au dôme. Sur ce premier soubassement, élevé de
102 pieds au-dessus du perron du porche, est un second
soubassement circulaire de 10 pieds 9 pouces de hauteur,
ayant 103 pieds de diamètre. Au-dessus s'élève une colonnade circulaire composée de trente-deux colonnes corinthiennes de 3 pieds 4 pouces de diamètre et 34 pieds 3 pouces de hauteur, bases et chapiteaux compris, supportant un
entablement couronné par une galerie découverte et pavée
en dalles. Ce péristyle est divisé en quatre parties par des
massifs correspondant aux quatre piliers du dôme, dans lesquels sont pratiqués quatre escaliers à vis. Derrière ce péristyle le mur de la tour du dôme est percé de douze grandes
croisées correspondant aux entre-colonnemens de l'intérieur. Au-dessus de ce péristyle, de son entablement et de
la balustrade, est un attique de 18 pieds 3 pouces, y compris sa corniche percée en arcade garnie de vitraux. Sur le
socle de cette corniche s'appuie la grande voûte formant la
troisième. Son diamètre, à la naissance de cette voûte, est
de 73 pieds 2 pouces; sa hauteur, depuis le dessus de l'attique jusqu'à son amortissement, est de 43 pieds; son galbe
est divisé en seize côtes saillantes, dont la largeur est égale
a la moitié de leur intervalle; il est couvert de lames de

plomb ; un lanternin, au-dessus duquel s'élève une croix.
sert d'amortissement. Cette lanterne circulaire, ornée de
douze colonnes, percée de dix croisées en arcades, s'élève
au-dessus de la sommité du dôme de 27 pieds, de manière
que la hauteur de l'édifice, depuis le sol du perron de l'entrée principale jusqu'à la cîme de la lanterne, est de 246
pieds 4 pouces. Telle est l'ordonnance extérieure de cet édifice dont le dôme, dominant sur Paris, couronne majestueu-
sement la montagne Sainte-Geneviève, les faubourgs Saint-
Jacques et Saint-Marcel.

Quatre nefs aboutissant au dôme composent l'intérieur de
cet édifice. Chacune d'elles est bordée de bas-côtés dont la
séparation est marquée par un rang de colonnes corinthiennes cannelées de 37 pieds 8 pouces de hauteur et de 3 pieds
6 pouces de diamètre ; elles sont au nombre de cent trente.
La longueur totale du temple, depuis le dedans du mur de
la porte d'entrée jusqu'au fond de la niche qui termine la
nef orientale, est de 282 pieds ; la dimension des nefs les
plus courtes, formant la croisée, prises de leurs murs
opposés, est de 238 pieds ; la longueur de l'édifice dans ses
nefs est de 99 pieds 4 pouces. Le pavement de cette église,
exécuté en marbres de différentes couleurs, doit fixer l'attention par la beauté du dessin.

L'intérieur du dôme s'élève au point de réunion des
quatre nefs ; il y occuperait un espace carré de 62 pieds sur
chaque face, si ses angles n'étaient pas coupés par de longs
piliers remplaçant chacun trois colonnes trop légères pour
soutenir le poids d'un dôme si élevé. Le diamètre intérieur
de ce dôme, pris à l'endroit de la frise, est de 62 pieds.
Au-dessus de l'entablement s'élève, sur un stylobate intérieur, un péristyle composé de seize colonnes corin-

thiennes de 3 pieds 2 pouces de diamètre et de 33 pieds
1 pouce 9 lignes de hauteur. Dans les entre-colonnemens
s'ouvrent seize croisées, dont les vitraux sont maintenus par
des châssis de fer. Au bas de ces croisées sont des tribunes
auxquelles on parvient par une galerie circulaire. Le dôme
est composé de trois coupoles, dont la première prend naissance au-dessus de l'entablement de la colonnade ; elle est

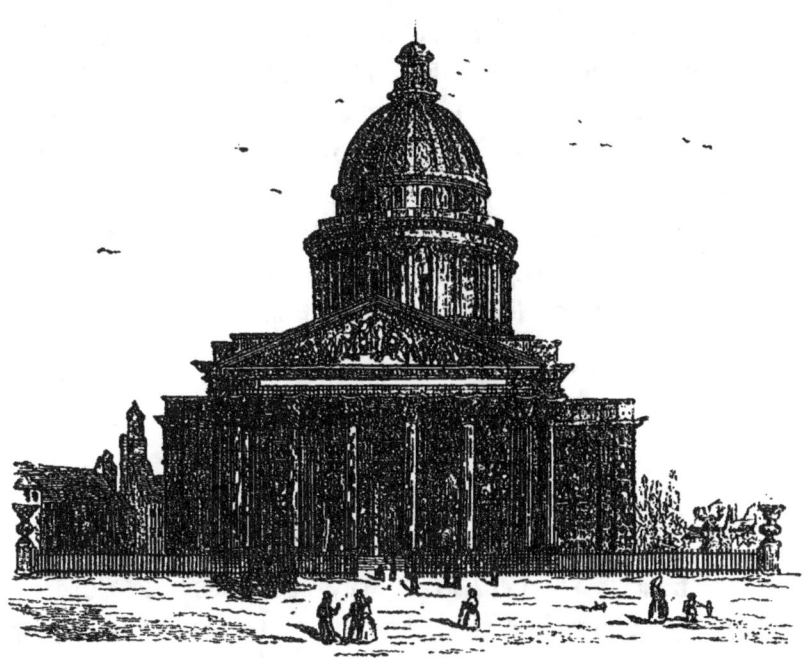

décorée de six rangs de caissons octogones et de rosaces.
Dans son milieu est une ouverture circulaire de 29 pieds
5 pouces de diamètre par laquelle on aperçoit la seconde
coupole fort éclairée sur laquelle M. *Gros* a peint à fresque l'apothéose de sainte Geneviève, composition impo-

5

sante par sa masse bien coordonnée, d'une exécution ferme
et grandiose où le génie du peintre a saisi le caractère pro-
pre de chacun des personnages que sa pensée a réunis dans
ce tableau immense. Pour jouir de l'aspect total de ce chef-
d'œuvre, il est nécessaire de monter au balcon établi sur le
bord supérieur de la première coupole.

Un long et étroit portique formé de grilles s'élève derrière ce temple. Sous ce porche deux escaliers placés à ses
extrémités conduisent à l'entrée de l'église sombre régnant
sous terre à 18 pieds du sol de la nef supérieure dont elle a
l'étendue. Vingt piliers la soutiennent; ils sont d'ordre de
Pœstum. Une clarté incertaine pénètre entre ces piliers par
des embrâsures en forme de soupiraux. Sous le dôme, sont
deux galeries construites à la manière des labyrinthes. Trois
galeries règnent sous les autres nefs. Une vaste salle et une
autre galerie occupent les parties souterraines de l'édifice.
L'archevêque de Paris consacra cette basilique le 3 janvier
1822.

LA MADELEINE.

Ce monument fut commencé en 1764 par Constant d'Ivry,
qui mourut en 1777. Coulure, successeur de Constant
d'Ivry, détruisit et changea tout ce que son prédécesseur
avait fait. Malgré ces interruptions l'ouvrage était assez
avancé, lorsque la révolution fit suspendre les travaux.
Mais en 1806 on revint sur ces constructions, et il fut
décidé que l'église de la Madeleine serait démolie, reconstruite et convertie en temple de la gloire. L'édifice
que nous admirons aujourd'hui n'a réellement été com-

mencé qu'à cette époque. Le plan en est dû à M. Pignon qui fit démolir tout ce qui sortait hors de terre. En 1816, il fut arrêté que le monument, qui était à peine commencé, serait une église sous l'invocation de la Madeleine ; ce changement de destination n'en occasiona pas de notables à l'intérieur de l'édifice.

L'église de la Madeleine a 100 mètres de long sur 42 de large ; son soubassement a 12 pieds de hauteur ; là s'élève un magnifique péristyle d'ordre corinthien qui entoure le monument. Ses colonnes ont 19 mètres 4 centimètres de haut (environ 60 pieds). Le pronaos et l'opistodomos sont couronnés d'un fronton triangulaire. Ces deux portiques présentent huit colonnes de front ; et les deux grands côtés du monument en ont chacun dix-huit.

Le fronton qui fait face à la place Louis XV est orné d'un immense bas-relief triangulaire ; c'est la plus vaste composition de ce genre que l'on connaisse aujourd'hui dans les édifices modernes : le sujet de ce bas-relief est la représentation du jugement dernier. Le Christ a 17 pieds de haut, il est debout et occupe le milieu ; à sa droite un ange, tenant une trompette, appelle les justes à la jouissance des biens qui les attendent ; du même côté sont les statues allégoriques de l'Innocence soutenue par la Foi, l'Espérance et la Charité prenant soin de deux enfans. Dans l'angle, un ange aide un ressuscité à sortir de sa tombe, sur laquelle on lit : *ecce dies salutis* ; à la gauche du Christ et à ses pieds, Madeleine demande le pardon des réprouvés qui sont représentés de ce côté du bas-relief, et qu'un ange semble repousser avec sa redoutable épée.

Le tympan du fronton qui regarde le nord est resté lisse ; c'est derrière ce fronton qu'on a ménagé un espace dans lequel on suspendra les cloches. Le portique du nord n'a qu'une grande porte feinte; on y arrive par un perron. La frise est ornée d'un bas-relief représentant des anges qui soutiennent des guirlandes et des médaillons. Tout l'édifice est couvert d'un toit à deux égouts formé d'une charpente en fer et de tables de cuivre. Une grille en fer en défend les approches.

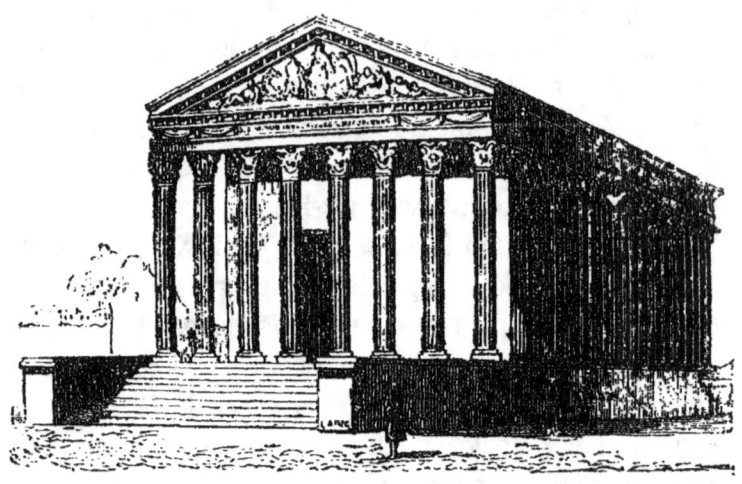

L'intérieur de cette église est encore inachevé; néanmoins, nous pouvons, dès à présent, indiquer quelles seront ses dispositions ultérieures. Du vestibule extérieur on arrivera dans un autre vestibule intérieur, à droite et à gauche duquel seront deux chapelles; l'une destinée aux baptêmes et l'autre aux mariages. De ce vestibule intérieur on passera dans la nef par une arcade haute de 26 mètres, et large de 16 mètres. La nef sera décorée de deux ordres, ionique et corinthien, élevés sur le même soubassement. De chaque côté de la nef seront trois chapelles. Le chœur formant

l'hémicycle communiquera avec la nef par une arcade sem-
blable à celle qui se trouvera du côté du vestibule intérieur.
Actuellement les côtés de la grande nef sont divisés par trois
arcades en plein ceintre, dont la hauteur est égale à celle
de l'arcade d'entrée. Les pieds droits de ces arcades sont
ornés chacun d'une colonne détachée d'ordre corinthien.
Au-dessous de chaque arcade est un autel orné d'un fronton
angulaire soutenu par deux colonnes d'ordre ionique. Au-
dessus de ces autels règne tout autour du temple une galerie découverte; elle conduit au-dessus de la colonnade
semi-circulaire d'ordre ionique qui entoure le chœur; son
entablement s'élève à la même hauteur que celui des frontons des autels de la grande nef; un vaste bas-relief décore
le bas de la voûte; le jour arrive dans cet intérieur par une
ouverture demi-circulaire ménagée au sommet de la voûte.
La voûte de la nef se compose de trois coupoles circulaires
richement sculptées, et soutenues par des pendentifs ornés
de peintures.

NOTRE-DAME-DE-LORETTE.

Ce temple est situé à l'extrémité de la rue Laffitte. Dans sa
construction, l'architecte s'est proposé l'imitation des basiliques de la primitive église. Notre-Dame-de-Lorette s'annonce
par un portique de quatre colonnes corinthiennes, surmonté
d'un fronton orné de statues; à droite et à gauche sont des
ailes plus basses dont les entablemens ne s'accordent point
avec celui de la nef principale. L'entablement de son portique
a reçu un ornement en bronze décoré de palmettes; c'est une
imitation des décorations de certains temples antiques. L'o-

pistodôme est un hémicycle surmonté d'un clocher dont
les dispositions rappellent les campanilles italiennes ; il s'é-

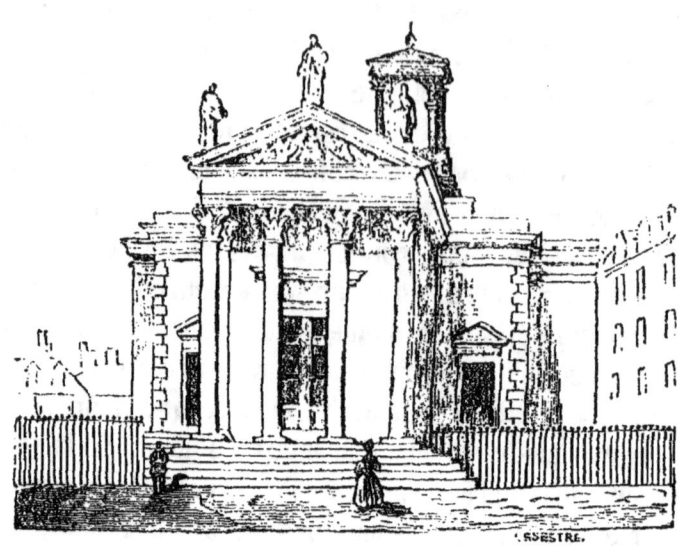

lance gracieusement au-dessus des masses qui lui servent
de soubassement.

    Au nombre des peintres qui ont concouru à décorer cette
église, nous nommerons M. Delorme, qui a peint la coupole du chœur, tout récemment terminée.

    L'intérieur de ce temple, par le luxe de ses décors et les
riches tableaux qu'il renferme, mérite l'attention des étran-
gers.

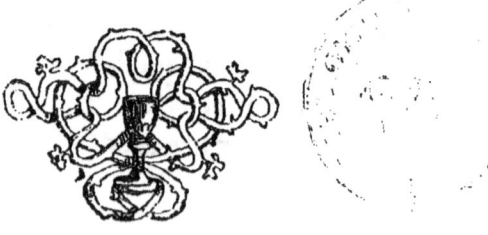

HISTOIRE

DES THÉÂTRES

ET

DES LIEUX D'AMUSEMENS PUBLICS

DE PARIS.

www.ingramcontent.com/pod-product-compliance
Lightning Source LLC
Chambersburg PA
CBHW071439220526
45469CB00004B/1592